PREFACE

DESCRIPTION DE L'HISTOIRE DU BATARD DE MOR

Le bâtard de Mor est un bébé qui voit le jour sans sa mère ni son père, sa mère est décédée pendant l'accouchement du fait de sa grossesse précoce à l'âge de seize ans. Cet enfant qui va être baptisé par Soukèye qui était l'amie d'enfance de sa mère Fama.

Avant d'aller à l'hôpital, Fama avait écrit une lettre où elle avait mis le nom du futur bébé ainsi que la description du père qui est Mor...

Fama était victime d'une grossesse qui émanait de la relation amoureuse qu'elle entretenait avec Mor, une relation comparable à la peau du chagrin.

Mor n'avait pas voulu assumer ses responsabilités, il finit par se faufiler sans regrets.

Soukèye va à son tour élever l'enfant avec l'aide de sa mère, la nourrir et l'éduquer dans de bonne condition. Une fois grandi, l'enfant va à son tour retrouver son père, mais d'une rencontre malheureuse et inchoyable car l'objet est un bain de sang...

Publication : 2018

Catégorie : non fiction, histoire

Source : Amazon

Disponible sur : Amazon, wattpad

Ne serait-ce que vivre, l'homme n'est rien, il se demandait à quoi sert donc la vie, pourquoi venir au monde comme si on rêvait et subitement, on ouvre les yeux pour faire face à notre destin, il n'y a rien d'acquis sans un péché, il cria d'un cri de peur tandis que sa mère dormait d'un sommeil éternel, oh ! Cher enfant, il avait une grande aventure pour sa vie, sa manière de venir au monde tel un solitaire. Les yeux noirs, son teint clair, sa peau aussi sensible et douce qu'une moule, il était né orphelin de mère tandis que son père le fixait de loin par le biais de la fenêtre de la salle d'accouchement et se posait des tas de questions absurdes comme pour lui l'enfant était maudit par le créateur, il demeurait un moment perplexe où le choix lui était inextinguible, il priait sans arrêt, pour demander le pardon concernant la décision qu'il allait entreprendre.

Mor avait à peine vingt-quatre ans, le choix de montrer le dos à l'enfant lui résonnait à l'esprit comme un refrain, il finit par dissimuler ses responsabilités et de ne lui laisser que deux gouttes de larmes devant une aventure ambiguë, de découvrir son rêve, l'accomplir ou le reléguer au second plan. Sans le goût de la honte, il compromit sans état d'âme l'avenir de cette fleur. Il lui tourna le dos lentement d'un air triste, le visage froid, l'esprit saturé, et avançait vers la porte de sortie tel un enfant qui marche à pas comptés. Frêle Jusqu'à la silhouette de son visage, c'était l'occasion de laisser libre cours à la tigresse de certains hommes et leur désengagement face aux bas de la vie. En sortant de la maternité, il croisa Soukèye, qui était le féal de la jeune fille de seize ans ; sans vouloir se démasquer, il combla son visage avec ses deux mains tandis que Soukèye se précipitait pour apprendre la nouvelle, ses yeux regardaient, mais son esprit était ailleurs, l'adrénaline montait, et chaque battement de son cœur était si vif qu'une éclaire dont chacune de ses flaches exerçait une décharge électrique qui faisait frissonner son corps.

En pleine nuit, ce fut un moment où la conscience se noyait et se torturait de questions contraignantes.

Elle appela la sage-femme qu'elle croisa :

-s'il vous plait madame, excusez-moi, je cherche Fama. Elle est où ?

-qui êtes-vous ? Allez attendre là-bas !

- s'il vous plait madame, je suis son amie, il faut que je la voie.

-ne nous tourmentez pas, allez-vous asseoir, je fais mon travail.

CHAPITRE 2

Plus d'une heure de patience, Soukèye en avait assez, elle la regarda du coin de l'œil pour la dire :

-ah ! insensé que vous êtes, au lieu de guérir une patiente, vous l'accompagnez dans sa tombe avec des épines dans le cercueil ; au lieu de nous encourager, vous nous déprimez avec vos comportements ignobles ; et moi qui vous apprébendais ? J'avais eu tort, vous n'êtes pas digne de porter la blouse blanche.

-mais vous vous permettez de nous sous-estimer ainsi ? Je vais te dire une chose, ton amie a appris sa leçon.

Mais qu'entendait-elle par-là ? Au fond, tout le monde ignorait comment exactement la fameuse Fama avait fait ses derniers soupirs, et pour quelle raison. D'après l'assistante, c'était à cause de la grossesse précoce. Mais en réalité, on l'avait volé ses médicaments et puis la sage-femme Touré était la principale responsable de cette tragédie.

L'habitude est une seconde nature, et elle ne peut attendre longtemps sans se découvrir ; raison pour laquelle ; il faut des sages-femmes responsables auprès des patientes souffrantes dans les hôpitaux. C'était une écœurante affaire entre Touré et Fama. Des maux de tête qui l'agaçaient, des bourdonnements, et les yeux commençaient à se noyer dans l'océan du monde intelligible. Mais Fama avait opposé un refus catégorique, toute cette scène s'était passée dans les grès de Touré ; La considérant comme un casse-pied, elle avait été envoyée au fond de la salle d'accouchement au lit numéro six, pour qu'elle n'emmerde plus personne. C'était à partir de là, que les choses sérieuses avaient commencées ; sa tension monta jusqu'à dix-sept. Au bout d'un certain moment, elle lutta contre la mort, car elle n'était pas assistée et elle s'était difficilement saisie de son téléphone pour alerter sa gynécologue, qui aussitôt avait rappliqué. Quand Soukèye avait croisé celle qui l'avait méprisée, il y avait deux jours de cela, elle s'était étonnée.

-mais quels genres de sages-femmes travaillent dans cette maternité ?

Fama avait subi aucun traitement, et surtout l'échographie, qui était indispensable. Et voilà par méchanceté, elle finit dans l'impasse.

Elles lui avaient ensuite volé ses médicaments, la salle était une chambre fermée au public.

Au Sénégal, il y germait un complexe de mettre les femmes qu'il faut à la place qu'il faut. Aussitôt, une autre sage-femme sortit de la salle trois, et demanda ce qui se passe ; Soukèye se leva d'un air inquiétant :

-madame, je cherche Fama, elle a environ seize ans, j'avais vu sa lettre dans ma chambre et j'avais deviné que ça n'allait pas bien.

-suivez-moi ; s'il vous plait.

Soukèye se posait des tas de questions sur la santé de Fama, d'un coin ; la sage-femme l'avait regardé d'un visage désolé, les yeux entourés de larmes, et lui dire à voix basse:<<je

suis navrée mais, seul l'enfant est en vie>>.

Soukèye se culpabilisait, elle cria fortement :

-non, ce n'est pas possible, mon amie n'est pas partie.

Allongée dans le lit, la nature berçait Fama chaudement, son cœur était stable, son corps froid, la jeune Fama faisait un somme.

Touré ignorait toujours que chaque fille, qu'elle soit riche ou pauvre, dévouée ou aimante, vertueuse ou indigne d'être mère de famille, demeure à jamais l'enfant de quelqu'un, et chaque mère est issue d'une autre. Une bonne femme est sensée aimer ses semblables même si autrui en souffre, saigne, pleure, languit, tremble ; elle se doit d'attacher son pagne, se dévouer pour la servir, la protéger, la défendre, car, quelque soient les circonstances, elle nous a formé de sa chaire, rempli de son cœur, illuminé de son âme. Elle donne naissance à tout. Nous sommes dans un monde morne, maussade et monotone où chacun est libre de remplir sa mission ou de la trahir.

CHAPITRE 3

Deux jours plus tard, l'enfant dénudé de joie, de caresse, de l'amour maternel et paternel, demeurait dans les mains de Soukèye. Les rumeurs la contrariaient, il émanait en elle un manque amical, son visage fluctueux telle une affligée de chagrin, elle passait tout son temps à observer le petit qui n'était jusqu'à lors pas plongé dans l'eau. Elle rêvait le visage de Fama, décrivait son corps, ses regards, ses sourires qui parlaient d'éternité, la nostalgie remplaçait le vide. Sa mère ne pouvait pas s'empêcher de se poser des questions :

-qui est le responsable d'une telle barbarie ?...

-qui a cédé la péniaphobie sentimentale à ma petite fille ? Tu ne mérites pas cette évanescence de courages, sois forte, garde là comme ton fils, son regard me rappelle tes deux mois, oh ! Qu'il est si beau !

La mort donne un sens à la vie, c'est l'une des choses les plus énigmatiques. L'âme rendu d'un être qui nous est cher doit permettre à une réorientation vers le bon sens.

Dans son lit vert, les hommes religieux l'amenaient vers un trou sombre, sèche, isolé et inchoyable. Entourée de pluies de larmes, elle était habillée de sept mètres de percale blanche tandis qu'elle souriait comme sourirait un enfant malade. Elle était accompagnée de quatre gros gaillards qui s'accrochaient chacun sur un poignet du cercueil et chantaient des versets de coran :
- <<Allah-Allah>>...

Ces belles paroles de compassion et de vertu la conduisaient paisiblement vers le monde éternel. Ce fut un moment où seule la valeur y demeurait, le constat était global, Fama était partie à jamais. Les lyres, les sensations fortement densités ainsi que la mort avaient touché les cœurs et les esprits comme un message divin qui à travers sa description, insinuait que nul n'est en sécurité dans son abri. La mort vient seul, prend seul, amène seul la source de vie de quiconque prétend que la vie est éternelle.

Inquiète et tourmentée, son esseulement l'avait marqué, sa peau dure et consistante comme une anesthésiée à qui, le corps ne ressentait aucune douleur corporelle, elle résistait à tous pincements, son cœur épuisé, les yeux rougis étaient plongés dans un océan où prédominaient des gouttes d'eau qui ne s'attardaient pas à faire le parcours de son visage. Ses larmes mêlées de colère qui émanait de son cœur, la jeune Soukèye avait du mal à se rétablir. Elle contemplait l'horizon par des questions à son créateur :

-oh mon Dieu ! Le tout puissant, le miséricordieux, qu'ai-je fait pour mériter ce faix ? Tant de souffrances, tant de chagrins, en dépit de tout, je continue à croire en vous. Tant de soumissions, tant de confidences, ah ! Je vous ai apporté ma vénération, je vous ai apporté ma compassion. Oh mon Dieu ! je souffre ; j'ai froid en plein soleil, j'ai chaud en pleine nuit, je ne savoure pas le goût de la vie, je ne ressens pas l'odeur du printemps, je me brûle de haine, je me noie de larme, je pleurniche ; ma chère Fama vient vers vous, accompagnez-la vers le lieu de bonheur éternel et de délice.

CHAPITRE 4

Après plus de cinq nuits d'obscurité incurable, le moment était venu de baptiser l'enfant, tous les imams de son entourage avaient refusé d'exécuter cette tâche, mais par chance, l'imam Diallo était revenu sur sa décision du fait de la douleur que cette famille avait endurée.

Habillé en grand boubou long et très ample, le chapelet à la main, Diallo marchait lentement vers la villa de Soukèye. Bien accueilli, il n'ignorait pas que cette cérémonie devrait se faire dans la discrétion.

Sans la présence de Mor, Soukèye dit le nom qu'elle donna à l'enfant : Malèye ; le mouton fut égorgé par un lettré qui proclamait ce nom à haute voix. Devant l'assistance des parents de Soukèye et ses amies qui se réunissaient à cette occasion, sa mère coupa les cheveux de l'enfant : son amie désireuse d'avoir des enfants se lava avec l'eau qui avait servi à la coupe des cheveux, mit le bébé sur son dos en couvert d'un turban blanc, fait trois fois le tour de la cour avec un arc, un sabre et une ardoise d'écolier dans les mains.

Aucun amour du monde ne peut remplacer celui qui gît de la maman ; une sensation forte, une compassion sans limite, l'enfant se sent roi avec sa mère et guerrier avec son père.

Une mère, ce n'est pas sortir de la maternité avec un enfant, elle est la gardienne et l'éducatrice normale des enfants, mais que serait un enfant sans l'assistance, de sa mère ? Que serait-il sans le père ?

Mor se sentait seul, quand bien même sa décision, il se torturait de doutes. Il regardait le ciel mais son cristallin ne reflétait que la culpabilité, il ignorait même qui était son fils. Malèye, dans les bras de Soukèye, ne sentait pas le vent du boulet, celui qui ne caressait pas le cœur, mais le grattait, celui qui faisait de la cicatrice une plaie ; tout son bonheur parvenait à persévérer les pensées noyées de Soukèye. Issu d'une famille riche, Mor avait tous les biens du monde en sa disposition.

Par un simple claquement de doigts, son père, riche, honorable et respectueux n'hésitait pas à le satisfaire. Il l'aimait d'un amour paternel, sans limite et consistant ; mais ce fils avait un double visage ; celui qu'il amenait à la maison et celui qu'il prônait dans les rues. Un jeune fumeur, buveur, et inchoyable ; Mor aux lèvres noires, au yeux rouges et au visage froid ; sa mère et son père très vieux ignoraient la vraie figure de leur fils, un jeune homme aux visages opposés, il dissimulait sa face si obscure et mesquine de sa vraisemblance.

Il prenait quotidiennement du tabac, sans s'en rendre compte, ce dernier réduisait son espérance de vie à peine dix ans et diminuait la qualité de sa vie par des troubles du sommeil. Le tabac avait une emprise psychique sur lui. Il le soulageait, ce qui lui obligeait d'en prendre pour éviter l'inconfort, les remords et les fardeaux. Fumer créait en lui, une puissante dépendance psychologique ; chaque fois qu'il prenait une bouffée, il associait inconsciemment le bien-être apporté par cette bouffée à ce qu'il vivait en ce moment-là. Peu importe ses difficultés, la cigarette lui faisait se sentir bien. Ce phénomène le poussait à continuer de consommer du tabac pour ressentir le même bien-être. Son père, amateur de cigarette, ne s'en voulait pas de voir Mor consommer du tabac, mais de le voir prendre le sien en cas de besoin.

À côté, Soukèye murmurait dans l'oreille de Malèye des paroles douces et agréables de Mécano telle une mère qui berçait son gamin.

-lune, tu veux être mère, tu ne trouves pas l'amour qui exauce ta prière. Dis-moi lune d'argent, toi qui n'as pas de bras, comment bercer l'enfant...

Cinq ans plus tard, le père de Mor demeurait victime d'un cancer de poumon dû à l'excès de cigarette, il savait qu'il ne lui restait pas beaucoup de temps à vivre, son médecin lui insinuait qu'il serait inutile de laisser la cigarette car, il était trop tard. Noire comme du charbon, ses poumons lâchaient peu à peu, il toussait tel un asthmatique en pleine saison d'été ; pâle, la peau fanée ; le vieux Thiam souffrait ; il regrettait d'avoir contempler de la fumée durant toute sa vie, mais, il continuait à s'en servir car, il n'ignorait pas que sa fin était proche.

Dans le lit du salon, entouré de tous les membres de sa famille, le vieux Thiam demanda la présence de l'aîné. Mor se mordait les doigts en rampant vers son père. Il tremblait, son corps frissonnait, son cœur battait la saccade, il semblait être sous l'emprise d'une force intérieure. Accroupit devant son père, il n'osait pas le regarder dans les yeux.

-mon fils !

-oui père !

-je ne vais pas tarder à quitter ce monde. Mais une chose ; si ta vie était un film, est-ce que t'aimerais le regarder dans le salon avec tes parents ?

-oh mon Père ! J'ai longtemps cherché à contenir la flamme dans mon cœur, mais elle est plus grande. Les passions sont fatales. Je ne sais par où commencer, j'ignore si je mérite de vivre.

Tout le monde attendait l'arrivée des secours, à peine trois heures d'attente, l'ambulance s'attardait à venir, le vieux Thiam ne pouvait plus résister à sa douleur interne, en dépit de tout, il donnait des conseils à Mor.

-mon fils !

-oui père !

-ne badine pas avec ta foi, aie Dieu comme compagnon, n'oubliez jamais qu'il y a vie, parce qu'il y a la mort. Oh ! Toi l'aîné, mon destin est sur le point de s'achever.

Quatre heures plus tard, les secours arrivèrent au moment où la vie était entre les mains du créateur. Le vieux Thiam s'était tu d'un instant, sa femme ne pouvait plus résister à cette inquiétude ; goutte à goutte, les larmes coulaient de tous les sens.

L'assistant ouvrit les yeux du pauvre Thiam, mais il demeurait en position de statut, son cœur continuait à battre, il se dépêchait pour l'amener à l'hôpital. Les docteurs l'entourèrent et chacun d'eux donnait le meilleur de lui-même pour sauver la vie du vieux Thiam.

Par le biais de la stabilité de Thiam, Mor avait perdu espoir.

-mon fils !

-oui père !

-à présent, toi l'aîné, tu es père, c'est toi le père, raison pour laquelle tu dois être ouvert. J'ai atteint le bout de mes devoirs, je t'ai laissé tout une fortune, tout une richesse. Dans mon dos, honorez-moi, si je pouvais, je serais là, rien que pour vous accompagner, mais c'est Dieu qui décide.

-voici mes dernières confidences, unissez-vous pour l'éternité.

D'un coup, le témoin qui émettait des signaux irréguliers montra une ligne horizontale. Un signe de la mort, Mor avait serré fortement le cadavre du vieux Thiam qui n'y était plus ; à côté, les médecins cherchaient à l'apaiser. Il commençait à comprendre la place qu'occupe un père dans le cœur de son fils, il n'avait en tête que se suicider pour son désengagement, il s'en voulait en disant à voix basse :

-l'homme peut être un loup pour l'homme, dans ma vie, je n'ai jamais vu un chien poignarder un autre. Sans la pitié, on perd notre humanité. Il est grand temps que je retrouve mon fils.

CHAPITRE 6

Mor décida de prendre le bon chemin en essayant de tourner sa page. Il avait appris beaucoup de choses par le décès de son père, il arrêta de fumer pour éviter le cancer car il n'ignorait pas qu'on ne fume pas de la cigarette mais, c'est elle qui nous fume. Après l'enterrement du vieux Thiam, Mor demeurait toujours inquiet et bloqué en ce qui concernait le logement de son véritable bâtard. Il se posait des questions sans arrêt à savoir si son fils était en vie, il ne l'avait plus revu depuis qu'il l'avait abandonné, son seul souhait était qu'il soit en vie.

-je regrette !

-pourquoi ce choix ?

-que devrais-je faire après cinq ans d'abandon ?

Mor n'avait jamais eu de nouvelle de son fils, il allait à son tour trouver un marabout célèbre qui pourrait le guider vers le chemin de son gamin. Il rendra visite à Seye, un grand voyant de Toll Diaz, à leur rencontre, il l'étonna en lui balançant son nom, le nom de son père, et lui insinua que son fils était sa mort. Mor n'en croyait pas un mot, ce qui l'intéressait était de connaitre la situation de son fils : s'il était en vie ou aux cieux. Il se leva brusquement pour rentrer chez lui comme s'il marchait sur des braises.

Il commençait à se rendre compte de l'importance des paroles de son père qui l'insinuait que l'homme doit toujours chercher à rendre la vertu aimable, le vice odieux et le ridicule saillant. En plein jour, Mor avait le goût de la honte. Il rendait visite à tous les voyants que les gens le suggéraient de voir, mais, la réponse était authentique ; la mort...

Il n'avait aucune trace de son fils, il commençait à ne pas dormir avec la conscience tranquille, son seul handicap demeurait le manque d'excitants. Il s'énervait à chaque instant en hochant sa tête tel un fou qui se couvre du soleil. Mais Soukèye ne voulait qu'une seule chose : inscrire le petit Malèye au Centre d'éducation religieuse où était enseigné le coran, car à chaque fois que le petit voyait ses amis descendre du daara d'imam Diallo, il les choyait en pleurant d'envie de faire les bancs. Ne voulant que le bonheur du petit, elle l'emmena y inscrire pour qu'il puisse avoir un aperçu du saint coran auprès de ses amis. Chaque jour, elle l'accompagnait jusqu'à la porte, et à la descente, elle y revenait pour le récupérer. Malèye était très heureux, ambitieux, dévoué et hardi durant ses débuts. Mais à peine une semaine d'apprentissage, l'idée de découvrir le coran ne le tentait plus.

CHAPITRE 7

Deux ans plus tard, Malèye ne voulait plus rester au daara, elle l'emmena à l'Ecole Privée Diandy pour qu'il commence sa carrière d'élève. Très curieux, le changement d'aire lui octroyait à nouveau l'envie, car sa maîtresse savait toucher le cœur d'un enfant, l'embellir, et l'ouvrir les portes de la réussite. Mor ne pouvait plus résister ses fardeaux, il courait la fortune du pot derrière les voyants avec un désespoir tel un taureau devant une scène de tauromachie qui ne désir que broyer le torero tout en ignorant ce qui l'attend.

Il trouvait sa demeure au cœur d'un nœud de problèmes enchevêtrés. Belle, souriante, capable, et innocente, Fama n'était qu'un film perpétuel pour lui, celui qui reste dans les souvenirs, dans l'esprit, et les pensées ; elle apparaissait brièvement dans ses rêves, dans sa solitude, et disparaissait en une seconde telle une étoile filante. Mor, ne pouvant plus résister à cette pression, reprenait de plus belle ses recherches.

À quoi sert la richesse si la famille n'est pas au rendez-vous ?

Elle est loin d'être le pouvoir positif ; le bonheur de l'homme se trouve dans l'acceptation d'un devoir ; et non dans la poche, ni dans la divagation ; par contre, il émane du cœur, la richesse c'est la famille d'abord.

Malèye qui éprouvait du réconfort auprès de Soukèye ; main dans la main, ils prenaient la direction de l'école ensemble et cela quotidiennement.

L'honneur n'est pas un simple mot qui se prône, ni une réalité visible à l'œil nu, mais en dépit de tout, Mor commençait à se rendre compte, qu'une simple décision peut se retourner contre soi et se transformer en embarras. Les bonnes ne sont pas mauvaises à choisir, mais difficiles à satisfaire. Trop tard pour mieux refaire peut-être, mais jamais trop tard pour bien faire. Soukèye le connaissait mieux que personne, mais pas ce qu'il était capable de faire endurer à son amie d'enfance qui finit par un somme, une solitude, une fin fatale. La lettre de Fama était sur le point de bouleverser Soukèye qui peu à peu la méditait ; chaque mot, chaque phrase, pour elle avait une signification.

Elle commençait à trouver la réponse à sa question tant posée.

-pourquoi Malèye ? D'où lui venait ce prénom dans sa lettre ?

-est-ce Mor, ce riche et fumeur que j'avais tant connu ?

Et peu à peu, Soukèye avait fait une découverte incroyable, elle s'était rappelé qu'elle avait croisé Mor dans l'hôpital où Fama avait perdu le souffle. La personne qui se faufilait fini par se décrire. Tout en étant choqué, Soukèye continuait de se poser des tas de questions. La haine lui dominait, la colère, l'envie de prendre Mor dans ses bras, cette fois ci pas pour le caresser, mais lui montrer à quel point il avait été irresponsable.

CHAPITRE 8

Malèye continuait avec un rythme ascendant dans le domaine éducatif, il émanait en lui un désire de progresser et d'avoir ses rêvés en main. Il était loin d'être ferme mais, le genre de personne qui ouvrait ses portes à tout intrus. Il était bien apprécié par son entourage, et à dix-huit ans, il vivait toujours dans l'ignorance. Il ne lui avait jamais arrivé à l'esprit, l'idée d'une quête de ses vrais parents, car, il s'insinuait que Soukèye était tout pour lui. Quelques jours plus tard, elle décida de lui ouvrir les yeux. À sa perception, Soukèye ne voyait plus l'enfant de deux mois, mais plutôt, un vrai homme capable de gérer cette situation en dépit de tout. Un jeune intellectuel dévoué et hardi, il était là à méditer le monde à sa philosophie.

Sa façon de penser et de voir les choses demeurait toujours pertinente.

Soukèye n'avait pas la prétention ridicule de dissimuler la vérité éternellement. Pour elle, toute vérité est bonne à dire, peu importe les faits et conséquences prévues, ni inattendues. Son principal embarra était le fait que Malèye préparait l'examen du baccalauréat. Mais elle avait peur que les choses se tournent mal et d'un coup elle ferma les yeux devant tout obstacle et se força de lui révéler la mystérieuse vérité.

-mon fils, il est grand temps que tu découvres ceci. Ne la néglige surtout pas. Dans cette feuille, tu sauras par toi-même qui tu es, et qui tu décideras d'être.

Sans réfléchir, elle déposa dans les mains de Malèye, un papier très ancien, avec de belles écritures, et lui chuchota à voix basse, <<saches que j'ai toujours été là pour elle, et cela réciproquement, je suis navré de te l'annoncer, mais...>>.

Malèye avait émis une réaction bizarre, il resta un instant sans un mot, il demeurait en position de statut, stable et inquiet sur ce qui venait de tomber dans ses oreilles. À ces instants-là, il était dépourvu de sensation, son regard désolé, il respirait le faix, l'effet de fardeau lui dominait. Et pour lui, tout cela n'était qu'un rêve.

Une lettre, pas n'importe laquelle, mais d'une importance capitale qui avait poussée Soukèye à la garder précieusement depuis le décès de Fama. Elle repensait toujours à la décision ignoble qu'avait pris Mor, qui choisit malheureusement de vivre avec des regrets qu'avec des remords.

Malèye, avec des larmes aux yeux qui commençaient à couler. Son cœur bombardé, son esprit troublé, il paressait vivre l'impasse...

CHAPITRE 9

La vie parfois nous montre une terre bien décorée par des feuillages, une nature harmonieuse et purement appréciée. Elle est là qui n'attende que ta présence pour murmurer son doux parfum accompagné de crépitements des insectes ; le vent frémit, on ne tarde pas l'occasion d'émettre une inspiration profonde avec envie ; les plages, les arts qui reflètent la magnificence, les océans, les voyages, la famille, les mouvements, le ciel embelli par l'éclos d'un arc-en-ciel, le temps qui change et le soleil qui t'invite à t'offrir un bronze qui fait vivre le corps. Mais qu'en est-il de vivre dans un mirage, une imagination totale de cette attraction, qu'en est-il si ce divertissement offert, purement naturel, toute cette beauté, ce splendide se déroule au moment où l'on vous trouve derrière les cellules. Mor n'ignorait pas qu'une mineure n'est pas à toucher surtout quand on est majeur. Il avait vendu sa vergogne par l'espoir d'une belle vie.

Comment vivre devant le vouloir qui brûle ? Comment éteindre notre incendie par l'absence ? La vie ne donne qu'une vie, mais parfois, vaut mieux savoir choisir, car le choix demande une volonté, un désir de prévoir et de méditer, mais l'omission de cette prévision ne fait que t'ouvrir les bras pour t'attirer dans un cul-de-sac.

Mor, toujours submergé par sa mystérieuse interrogation ; la vie ? Il voulait lui-même comprendre la vie. Le pourquoi elle est là, pour lui, chaque présence a un sens bien déterminé : à l'hôpital, on comprendra qu'il n'y a rien de mieux que la santé ; en prison, on verra que la liberté est la plus précieuse ; au cimetière, on réalisera que la vie n'est rien.

Il se promenait seul, en pleine nuit, un moment où les bruits deviennent horribles ; pieds nus, la tête ailleurs, et seul avec la nature, il ne manquait pas l'occasion de se culpabiliser, tout d'un coup, une fausse apparence lui était apparu. Il commençait à marcher doucement et lentement, il tendit le bras comme pour essayer d'accueillir une présence divine.
-attends, s'il te plait, restes, Fama, Fama... ne pars pas...

Il commençait à s'illusionner d'une fille qui lui montra le dos, avec une beauté extraordinaire, longue, mince ; et subitement, elle tourna, le fixa avec des yeux qui font renaître, une fugitive beauté dont le regard l'avait soudainement fait vivre l'impossible, si vif, cette apparence passa d'une éclaire puis la nuit...

Mor toujours dans ses mirages, il commença à verser des larmes, le corps paralysé, ce fut un moment où il semblait avoir les os brisés, un moment où le monde réel et l'irréel se touchaient et se heurtaient.

Tôt le matin, à l'heure où l'aurore commence à apparaître, un vieil homme qui allait au travail l'eut trouvé sous un arbre entrain de dormir profondément, il le regardait, encore et encore, puis, il s'approcha avec l'intention de lui donner une aumône, puis s'arrêta à coté de ses pieds, pour lui, c'était un mendiant qui avait perdu la foi.

Brusquement, Mor ouvrit les yeux avec inquiétude, il commença à repenser à Fama, pour lui, ce qui venait de se passer cette nuit mystérieuse était un message divin qui, à travers l'apparence de Fama, lui insinuer qu'elle est dans le monde intelligible à l'attendre venir dans ses bras.

 Le vieux n'arrêtait pas de le fasciner...
-monsieur, est ce que tout va bien ?
Mor avait le cœur qui battait la saccade, il regarda le ciel, le sol... et il répondit le vieux.
-la solitude mon cœur, la vie mon ennemie, la souffrance mon esprit...
Il cria fortement.
-OH ! Mon Dieu, je vie sur du feu, je transpire du feu, je bois le néant, je dors dans le vide...

Le vieux était un peu désorienté sur le ton de Mor qui extériorisait sa sensation douloureuse et féconde. Il s'assit et pose sa main sur les épaules de Mor.
- monsieur, lui disait le vieux avec douceur, je ne sais d'où tu viens, j'ignore qui tu es, mais une chose à te conseiller, la vie est précieuse, tant qu'il y a vie ne perds jamais ta conscience, ta foi, aies de l'espoir. Souris la vie et elle te sourira, fuis la vie, elle te fuira.

Mor se leva doucement d'un air désolé et prit la direction de l'infini dans l'espoir de retrouver son fils.
-non ! j'en peux plus...

Mor toujours dans le même accent.
-la solitude, la solitude, la... Je vais fouiller tous les recoins de l'espace,

les montagnes, les forêts, les campagnes, les villes, j'ignore où tu fuis, je ne sais où je vais, mais, je te retrouverai mon sang.

CHAPITRE 10

Malèye, quand il avait découvert la vérité, il s'était mis à se culpabiliser devant Soukèye.

-Mère, je suis donc à l'origine de la mort de ma vraie mère, elle avait échangé sa propre vie contre la mienne, Oh ! Quel sacrifice ! Contre un enfant qu'elle n'a jamais vu sourire, un enfant qui ne l'a jamais connu, j'aurais voulu l'épier de regard, passer l'hivernage dans ses bras et l'été sous son regard, la dire à quel point elle réveille mon enthousiasme, la dire que je n'ai pas besoin de la connaitre pour l'aimer, mais simplement, ressentir le don de son cœur. Ah ! La bravoure, là où le sang appelle le sang, la vie appelle la mort, là où l'erreur est faite, l'homme remet en cause le destin, mais, l'amour d'une mère, il est là, intouchable, complet et consistant.

Si tu pouvais revenir parmi les morts pour sentir les battements de mon cœur qui révèle la phylogenèse, touches moi, regardes moi, effleures moi, fais frémir le vent de l'amour, là où tu es, tu peux peut-être me percevoir, mais là où je demeure, je peux t'aimer.

Malèye ne pouvait plus se retenir, les mots venaient en vagues, il ne pouvait pas s'empêcher de s'en vouloir, de se torturer avec des questions contraignantes qui le perturbaient. Soukèye toujours en colère contre Mor.

- d'une part, ton père a fait ce qu'il fallait faire.

Malèye s'était tu un instant car la réponse de Soukèye lui semblait un peu louche.

-comment ? Lui dit Malèye.

-tu ignores beaucoup de choses mon fils. Si ta mère est victime de cette grossesse, ce n'était pas son propre gré, mais...

-mon père ? Ne l'appelle plus mon père, sois explicite et dis-moi ce qui s'était réellement passé.

-je vais être directe avec toi, Mor, je ne le connaissais pas bien, mais ta mère me parlait de lui tout le temps. Un jour, elle était venue me voir avec des larmes aux yeux car Mor voulait l'épouser, mais ses parents avaient refusé sous prétexte qu'elle n'avait que seize-ans. Ce que ton père ne pouvait pas supporter, alors, il s'en suivait des disputes amères et irréfléchies entre Mor et les parents de ta mère.

Malèye commençait à avoir des frissons dans le corps, en ayant la honte de regarder Soukèye les yeux dans les yeux, il baissa la tête et commença à la balancer de la droite vers la gauche, un signe décevant. Il demanda à Soukèye ce qui s'était passé ce jour-là.

-c'est le jour où je l'avais donné un conseil.

-dis-moi quel genre de conseil s'il vous plait.

-je veux que tu me pardonne, excuse-moi Malèye, saches que je t'ai considéré comme mon fils, tu comptes beaucoup dans mon cœur...

-mère, je sais, mais répondez à ma question s'il vous plait.

-je suis navrée, mais c'était ma faute, tout...tout.

- comment ça ta faute ?

-elle était venu en pleurant, très

pitoyable, et.... Je l'avais dit que le fait que ses parents refusaient ce mariage ne veut pas dire que tout est fini, et qu'elle ne perde pas espoir. Je l'avais suggéré qu'il n'y existe qu'un seul moyen pour être avec Mor ; porter son enfant...

Malèye ne savait plus quoi dire, il regarda Soukèye avec insolence, d'un air désolé. Soudainement, il avait sa tête qui tournait, il exprima sa colère.

-c'est ça l'amitié ? Où est la vergogne que tu as mise en moi ? Tu l'avais donc dissuadé, ma mère Fama... mais comment osez-vous faire ça ?...

Tout le monde ignorait le passé vécu des uns et des autres, Mor, Soukèye, Malèye ; tous d'eux s'estimaient coupables. Là où il était question d'une stabilité sociale, le vieux Thiam avait vendu son âme au diable. Il avait adhéré une secte où l'action de la cruauté n'était pas omise, en gage de richesse, de pouvoir et de la puissance. Dans cette secte, les élites octroyaient une réussite totale aux membres ainsi que le père de Mor. Pour preuve de loyauté à la doctrine, de sincérité, ainsi que d'engagement ; chaque membre devrait montrer acte d'infidélité et d'incroyance aux religions par des sacrifices parfois bétails, parfois volailles, mais parfois pire même, des sacrifices humains d'enfant de rien du tout, et cela, à chaque approche des élections présidentielles.

Le vieux Thiam avait dissipé sa vraie semblance jusqu'à sa mort. En le regardant, il semblait pur et respectueux, il était bien apprécié par sa femme Aïssatou, l'une des perles rares, une magnificence qui on ne peut plus explicite, dépasse la beauté naturelle, une sérère calme, attentive et éveillée ; elle courait un péril dont elle ignorait, mais quand l'amour est présent, il bâtit son armé pour combattre l'impossible avec des coups sentimentaux qui contrôlent le cœur par l'attraction, par la surdité, par l'aveuglette...

Thiam faisait des offrandes impitoyables pour augmenter son pouvoir, car, ses besoins dépassaient ses attentes, son vouloir était allé trop loin. À sa philosophie, le vouloir est le monstre des pauvres, et le pouvoir est la gloire des riches.

 Le jour où Mor avait vu le jour, il était censé être le fruit d'un deuil, Thiam devrait en gage donner la vie de son fils ; ce qu'il n'avait pas pu accomplir, une décision qui l'avait pris des années et des années, il finit par donner sa vie que celle de son fils.

Il avait tout planifié, sa mort n'était pas causée par un cancer de poumon dû à la cigarette, mais, l'ambulance qui venait le prendre était dans le coup et la tâche devrait être accomplie au moment du déplacement, et une fois arrivé à l'hôpital, ce sont des agonises douloureuses qui l'attendent.

Mor était en quelque sorte sauvé par son père, une vérité que seul Thiam savait. Mais, sa vie était la peau du chagrin dès sa naissance, ce qu'il ignorait autant.

CHAPITRE 12

Mor ne voyait que l'argent de son père, il ignorait totalement la source. Dans ce genre de secte, Thiam pouvait négocier les charges, mais cela, vie pour vie, son choix paressait étrangement difficile à satisfaire, mais la vie de son fils comptait beaucoup pour lui. Il l'aimait à mourir et il l'avait prouvé par l'action. L'échange de la vie de Mor contre la sienne avait épargné son fils, mais Mor n'était pas échappé totalement de la main, la puissante secte, les sacrifices de son père se répercutait contre lui, ce qu'il ignorait encore, tous ces problèmes qu'il était en train de vivre, de franchir amèrement, émanaient de la secte. C'était un veritable sort.

Malèye était sur le point de faire son examen, il était tellement perturbé par la nouvelle, stressé et il avait un défi à relever, la réussite.

Soukèye ne manquait pas l'occasion de lui soutenir et de l'apaiser en dépit de tout. Elle l'aimait d'un amour maternel.

Le jour du dix-sept juillet, un moment idéal pour accomplir sa mission, soit se satisfaire et rendre les autres radieux, ou marquer un pas en arrière et décevoir l'autrui.

Quelques jours plus tard, Malèye fut parti jeter un coup d'œil à la délibération. Arrivé, ce n'était plus le même Malèye, il était très stressé et impatient, pour lui, il n'y avait qu'un pas entre la réussite et l'échec. Il repensait à son entourage, à ses parents adoptifs, à ses voisins...

Mor, toujours perdu, il finit par reprendre sa vie, la cigarette et l'alcool étaient redevenus son compagnon et cela en quête de bonheur, il rentra chez lui et prit la plus belle de ses voitures, le vin dans ses mains, l'excellence sur ses lèvres. Il prit la direction de nulle part. Soul comme un polonais, Mor commençait à se souvenir de tout, Fama, sa vie avec elle tant refusée. Ses souvenirs inoubliables, les rencontres, les moments vécu avec elle, les disputes et réconciliations ; tous ces moments qui parlaient d'éternité, toute cette belle vie, puis il se souvint de son fils qu'il regardait de loin, les cris... la voiture commença à rouler avec une vitesse de folie.

Le président du jury se leva avec aisance, puis il prit la liste des admis pour faire le rappel, toute la foule était impatiente des résultats, les unes accompagnées de leur parent et les autres étaient venues seules, la peur dominait tout le monde, un instant où le courage était relégué au second plan. Le président du jury commença à faire son petit discours dont tout le monde s'était tu pour se concentrer, un silence total, une fois terminé, c'était le moment de passer à l'action, des bruits de détresse et de peur provenaient de tous les côtés, des filles qui ne pouvaient pas rester sur place, elles frappaient les pieds contre le sol, la main contre la poitrine telle une asphyxiée. Le président du jury commença à faire le rappel des admis,

Malèye était par chance sorti d'office et vingtième du centre, une fois admis, il ne pouvait plus se retenir, il commença à courir avec une vitesse incontrôlable pour annoncer la bonne nouvelle à Soukèye. En traversant la route, il sautait de joie, il avait l'extase en lui. Bref, il passa d'un bonheur puis le malheur ; allongé sur le goudron chaud, le sang coulait sans arrêt, Malèye fut heurté par Mor, le constat était global, il n'émettait aucun signe de vie, il était dans un état somnolent. Si vite, tout le monde l'entourèrent...

Mor avait perdu le contrôle, il sortit de sa voiture avec une peur intense, puis chargea Malèye dans sa voiture pour la direction de l'hôpital, une fois arrivé, Malèye fut amené en urgence, Mor prit le téléphone de Malèye pour contacter ses parents, il regarda le dernier appel pour l'annoncer la mauvaise nouvelle, très effrayé, il avait le corps qui tremblait encore et encore. Son appel tomba sur Soukèye, il l'annonça directement la nouvelle ; l'accident. Elle prit la direction de l'hôpital avec des pieds nus, tellement elle avait peur ; une fois arrivée, son cœur battait la saccade, elle entra avec ardeur, puis elle pogna le premier docteur qu'il croisa. Celui-ci l'indiqua la salle d'urgence, et elle commença à prendre les choses au sérieux, devant la salle se trouvait Mor entrain d'attendre les nouvelles ainsi que les parents pour présenter des excuses, ce qu'il ignorait, c'était qu'il était à cinq pas de son fils. Soukèye l'avait trouvé devant la porte puis elle passa à l'action.

-c'est toi le responsable ?

-écoutez-moi s'il vous plait.

-vraiment ? Si tu as quelque chose à dire, ce sera devant le juge.

Après vingt minutes de communication, le docteur fut sorti et demanda les parents du patient.

Soukèye commençait à perdre espoir, elle se leva sans attendre et lui dire qu'elle était sa mère adoptive.
-il a perdu beaucoup de sang et il faut agir vite pour une transfusion. Etes-vous prête pour lui offrir du sang.

Soukèye était loin d'avoir un groupe sanguin compatible avec celui de Malèye. Mor se leva avec espoir, et par miracle ils avaient les mêmes groupes sanguins. Le docteur eut commencé à faire la transfusion. Soukèye lui demanda son nom car son portrait lui disait quelque chose dont elle ignore.

-Je m'appelle Mor, j'avais perdu le contrôle et tout est arrivé.
-Mor ? Lui demande Soukèye à haute voix.

Peu à peu, Soukèye commençait à douter de lui, elle commença à se rappeler de la lettre. Elle posa une question surprenante à Mor.

-tu ne connais pas par hasard un certain Fama ?

-Fama ?

Sa réaction avait tout dis, Soukèye commença à lui parler de l'histoire de Fama.

-je pense connaitre ce Fama; lui répondit Mor.

Mor commença à se rendre compte qu'il avait affaire à l'amie de Fama. Le moment tant rêvé était enfin venu, la première question de Mor était au sujet de son fils. Soukèye eut compris qu'elle avait affaire avec le véritable Mor, celui qui avait causé la grossesse de Fama et fui ses responsabilités. En pleine transfusion, Soukèye l'eu donné une gifle bien portée, puis une deuxième suivie d'une troisième, et lui dire : toi, oui ! C'est toi, tu es un assassin, sache que celui que tu viens de heurter est ton fils, celui que tu avais abandonné avec plein gré.

Mor était impressionné et bouleversé, le moment qu'il avait rêvé était enfin venu, il avait honte de regarder Soukèye qui retenue par la sécurité. Quelques minutes plus tard, Malèye ouvrit les yeux, et tourna la tête vers la droite, il fixa le monsieur qui était assis à ses côtés, la tête baissée, des larmes qui coulaient, Mor ne maîtrisait plus la situation, il priait sans arrêt de peur que son fils ne meurt.
-monsieur, qui êtes-vous ? Lui dit Malèye.

Très surpris, Mor leva la tête doucement, il lui demanda s'il va bien, il avait peur de perdre son fils qu'il avait tant cherché. Mais Malèye avait repris sa question.

-vous êtes qui, pourquoi je suis là, où suis-je monsieur ?

-calmes toi, tu es en sécurité, mon fils, je suis ton père.

-Mor ? Lui dit Malèye avec impression.

-oui mon fils, je suis là, je suis ton père, calme-toi, tout ira, tu as eu juste un accident.

Malèye était très surpris, cette réponse choquante avait déclenché une libération excessive d'adrénaline. Puis le cardiogramme commença à cumuler des alertes d'une augmentation du rythme cardiaque, très inquiet, Mor appela les docteurs sans tarder. Une fois sur place Mor était renvoyé à l'extérieure de la salle pour essayer de réanimer Malèye. Ils faisaient tout leur possible pour lui sauver. Il commença à agoniser, puis peu à peu, le cardiogramme n'émettait que des traces horizontales, un signe de mort, il n'avait pas pu finalement fêter sa réussite.

Une fois que les docteurs annoncèrent la nouvelle à Mor et Soukèye, c'était le chaos total, des cris, des larmes qui coulaient de tous les sens, ce fut un moment où la vie n'avait plus de sens dans les yeux de Mor. Il sortit de l'hôpital et prit la direction des voies ferrées, une fois sur place, il s'allongea sur les rails avec comme slogan : tu ne me devanceras point.

<u>FIN</u>

www.ingramcontent.com/pod-product-compliance
Lightning Source LLC
Chambersburg PA
CBHW051228250726
48655CB00006B/2658